나무의 시계

스며든다, 너에게

나무의 시계

시산맥 감성기획시선 097

초판 1쇄 인쇄 | 2024년 06월 20일
초판 1쇄 발행 | 2024년 06월 27일

지은이 이현경
펴낸이 문정영
펴낸곳 시산맥사
편집주간 김필영
편집위원 신정민 최연수
등록번호 제300-2013-12호
등록일자 2009년 4월 15일
주소 03131 서울특별시 종로구 율곡로 6길 36. 월드오피스텔 1102호
전화 02-764-8722, 010-8894-8722
전자우편 poemmtss@naver.com
시산맥카페 http://cafe.daum.net/poemmtss

ISBN 979-11-6243-482-6 (03810) 종이책
ISBN 979-11-6243-483-3 (05810) 전자책

값 12,000원

* 이 책은 전부 또는 일부 내용을 재사용하려면 반드시 저작권자와 시산맥사의 동의를 받아야 합니다.
* 이 책은 교보문고와 연계하여 전자북으로 발간되었습니다.
* 저자의 의도에 따라 작품의 보조 동사와 합성 명사는 띄어쓰기가 달라질 수 있습니다.

이현경 시집

나무의 시계

■ 시인의 말

긴 기다림 너머
고요 속에서 시의 꽃망울이 터졌다

화사하게 피어난 시어들,

진심을 담아
소중한 분들께 분홍 설렘을 드립니다

이현경

■ 차례

1부

수직이 솟는다	19
상상이 일렁인다	20
애틋함을 전하는 너처럼	21
하얀 꽃을 건네주네	22
작은 배 하나	23
도시의 난민	24
빛을 던져주세요	26
겨울 통증에서 핀,	27
모국어 물소리	28
수줍은 꽃이고 싶습니다	30
그대 떠난 뒤,	31
삽의 얼굴	32
녹슨 호미	33
따뜻한 입구	34
다정한 기별이 오듯	35
섬에 두고 온 낱말	36
저, 빈 허공에 음악을 그린다	38
한 폭의 시선	39
차가운 속도	40
지우지 못한 울림	41
나무의 시계	42
그대, 파릇하게 생각난다	44
그대에게 푹 빠져	45
은하에 계신 이름	46

2부

봄날 꽃구경 가네	51
꽃불	52
계절이 체크인한다	53
너는, 꽃의 보석	54
누가 이곳에 파도를 방목했나	56
찾을 수 없는 시간	57
사색의 언어가 촉촉하다	58
도토리묵	59
빙점의 페이지	60
잃어버린 짝 하나	61
소리는 귀와 동거한다	62
거울 속 여자가 깨졌다	63
알림, 폐업합니다	64
속도가 덜컥거린다	65
등의 기억들	66
하얀 이별	68
상실	69
숲에서 온 마른 실핏줄	70
그대의 우산이 되어	71
친절한 향기	72
꽃을 든 남자	74
그림에서 뛰쳐나온 노을	75
일기에 그려진 얼굴	76

3부

풍경이 깨졌다	81
환하게 울부짖네	82
수양벚나무 한 그루	83
바다의 퍼즐	84
폴리스라인을 친다	86
보랏빛 진실	87
귀한 계절의 해체	88
바람의 길에서	89
혀의 돌출	90
곁에 두고 싶은 맛	91
벽과 시계	92
일제히 일렁인다	93
페르소나	94
뒤척이던 낱말 하나	96
살가운 손	97
미몽	98
불면을 건너야 합니다	100
슬픔의 면적은 크지만	101
이름값을 한다	102
입맛 당기는 소리	103
속을 열어보면	104
번쩍 순간을 긋고	105
2019년산, 무창포 바람	106
물속, 잠긴 그리움	107

숲을 열고 나온 나무

분수의 속도 111
환한 동행 112
한때, 한 시절이네 113
기억의 문을 닫고 114
풍경을 끌어당기네 116
갈등 117
비문증 118
덤 119
5초의 향기 120
백자의 눈물을 치우며 122
빈 깡통이 적막하다 123
우울은 출출하고 124
고독한 거처 125
아픈 서사 126
내복 128
불씨 129
물속에 터를 잡은 나무 130
불쑥, 강물에 화를 빠뜨리고 132
피부의 언어 타투 133
빛과 팔레놉시스의 스텝이여 134
따뜻한 기적 135
꽃의 눈길 136
어머니가 차오른다 137

■ 해설 | 마경덕(시인) 139

1부

설렘을 만나듯,
순하게 돋아나는 미완의 단어들

수직이 솟는다

외진, 자연을 걷는다

걸음을 멈추게 만든 순한 기척
땅의 빈틈에서 새로 태어난 수직이 솟는다

밤이면 이슬을 모아
푸른 숨소리를 피워올렸을 것이다

뿌리를 내리지 못한 바람의 시샘이
얼마나 흔들고 갔을까

꽃이 피는 순간
비로소 풀이라는 이름에서 벗어난다

그림자도 만들고 나비의 발톱이 날아든다

감성이 너에게 기울어
또 하나의 시간이 잠시 방향을 잃어도

숲을 두드린 손을 후회하지 않는다

너의 느낌에서 갓 피어난 꽃웃음을 꺼내
우울한 영혼의 빈터에 심는다

상상이 일렁인다

새 계절의 입구에서
날짜를 한 장씩 넘길 때마다

바람은 저 혼자서도
입춘의 밑그림을 만든다

겨울에 저항하는 봄의 미래가 속삭인다

생초록 같은 설렘을 만나듯
순하게 돋아나는 미완의 단어들

어딘가에 닿기 위해
문을 두드려 차갑던 호흡을 기대면

외진 곳도 따뜻하게 지직거리고
봄의 말들이 뿌리에 고인다

새벽이 돋아나는 들에서 봄의 수식어를 접었더니

나비가 제 그림자를 내 공간에 던지고
노랗게 날아오른다

겨우내 뇌에서 동면하던 상상이
가슴에서 일렁인다

애틋함을 전하는 너처럼

지구 외진 곳에서
애벌레 한 마리 제 몸에 날개를 그리고 있다

무음을 물고
나비를 향한 꿈 하나가 탯줄을 끊는다

짧고 강렬한 순간
몸에는 피가 도는지 날개돋이를 한다

꽃잎을 끌어안고
활짝 펼쳐진 긴 기다림의 날개

사월의 설렘을 이고
허공에 푸르른 선 하나 그으며 날아오른다

행선지가 궁금한 나비의 여향餘香을 생각하며

저 눈부신 빛살을 타고
나도 뜻밖의 모련을 찾아, 풍덩 빠지고 싶다

하얀 꽃을 건네주네

바람을 맞으며 해변을 걷네

물무늬가 모여있는 바다는 친숙한 물의 세계
해풍을 맞으며 그 바닷가를 걷고 있네

물빛이 눈 속에 거니는 곳에서 마음을 빼앗기네

수평의 끝에서 밀려오던 물살의 순간들
갯바위에 제 몸을 잘게 부수며 하얀 꽃으로 잉태하네

바다를 들어 솟아오른 꽃 한 무더기가
세상에 환한 언어를 건네주네

푸른빛 바다가 하얗게 환생하는 신비를 보다가
나도 갯바위에 희디흰 꽃이 되었네

밤이면 별들이 내려다보네

무수한 별들 중에, 유독 밝은 별 하나
나에게 무한리필되는 안식이네

작은 배 하나

싱싱한 꽃그늘이 멈춘 저녁

저편, 기다림을 가득 담고
수변에 작은 배 하나 묶여있네

바람이 배를 건드릴 때마다
풍속만큼 밀려갔다 다시 돌아오네

묶여있는 시간을 풀지 못하는 적막한 고립이네

갈증을 느낀 별빛이 물면에 떨어지면
작은 배 하나 외롭지 않네

풍경 속 고요로 있다가
기류에 조각조각 난 물면이 구슬피 번지네

내 가슴에 다가온
슬픈 파란처럼 번지네

도시의 난민

강남역 2호선에서
신분당선으로 가는 길

그 경계의 계단 끝에 할머니가 앉아있다

지나가는 타인의 발바닥 소리에
어제와 오늘에 외로움을 섞고 있다

우리들 곁에 가을이 와 있어도
푸른 하늘을 읽지 못하고

주소도 없는 도시의 동굴 속에서
껌을 팔고 있다

껌은 세상 사람들과 소통하는 유일한 통로

바닥에 두 줄로 깔아놓고
팔릴 때마다 새로운 껌을 꺼내 빈칸에 퍼즐을 맞춘다

자주 지나가는 내 발걸음은 어떤 인연일까

높아졌다 낮아졌다 하는 연민이
자주 내 안에 멈추어있다

밖에서 묻힌 햇살을
일조량이 부족한 할머니 그늘 곁으로 다가가
입고 있던 가을 일부를 벗어드린다

할머니 아픈 속을 열어보면
울어도 눈물이 되지 않는 눈시울이 말라있다

오늘도 나는 천 원의 온기를 떨어뜨린다

마지막 퍼즐을 맞추고 시간이 문을 닫으면
할머니는 어둠의 일부가 되어

외로운 거처로 돌아가 또 하루를 눕힐 것이다

빛을 던져주세요

빙점의 시간이
친숙했던 물소리를 침묵시키고

수빙 속에는 긴 그리움이 갇혀있어요

냉기가 촘촘히 박혀있는 혹한의 동토를
그대를 보듯 햇살을 보며 걸어요

발바닥이 땅에 부딪칠 때마다
길이 외롭고, 흙의 호흡이 차가워요

뜻밖의 온기를 느낄 수 있도록
그대의 길과 맞닿아야 해요

극한의 그림자 위에 빛을 던져주세요

알 수 없는 곳에 그대는 멀리 있지만
따뜻한 다정이 되살아나겠지요

태양의 축복처럼,
당신 빛으로 해빙하고 싶어요

그때처럼 따뜻하게

겨울 통증에서 핀,

해가 지워진 곳에서 내린다

세상 저녁에
구름 씨앗이 눈꽃이 되어내린다

허공의 시간을 품고 우리 곁에 선물처럼 쌓인다

그림자를 감추고
찬 공기에 아문 순백의 빙점

아무도 모르는 시각에 핀 눈의 씨앗이
내게로 와서 뇌를 적신다

어느 사랑의 결백처럼 먼 하늘에서 온 저온의 무늬

겨울 통증에서 핀 하얀 날개가
밤의 고요에 나부낀다

하얗게 벗어버린 이브의 알몸처럼
지층에 쌓인 겨울 시선

밤새 뒤척일 창가에서
한 번 더 눈꽃을 보고 어둠을 닫는다

모국어 물소리

빗소리가 기다려지는 날

싱크대의 스테인리스판 위에 떨어지는
물줄기의 난타

포도가 씻겨 내려가고
복숭아 피부의 솜털이 떠내려간다

물소리를 들을 때마다
냇가 여울목 앞에 와있는 것 같다

비 오는 날에는

두 개의 물소리가 화음을 만들어
음표들이 피아노 건반에 스며든다

손가락 사이로 무성하게 젖는 소리
생의 매듭도 물에 풀어서 같이 흐를 수 있다면

물방울이 살아서 손가락에 매달린다
이런 것이 오랫동안 동거한 정이었던가

정수기에서 들려주는
색다른 낙숫물 소리

새벽, 생수가 입술을 애타게 부른다

빗방울이 잎사귀에 매달리듯
목마른 혓바닥에 얹히는 해갈

뿌리 끝이 하얀
모국어의 물소리가 찰찰 떨어진다

물소리의 장르들
이 새벽 누군가, 갈증을 지우고 있다

수줍은 꽃이고 싶습니다

오늘도 싱싱한 설렘으로 피어나
종일 몸으로 번져옵니다

그대에게 깃들어
출렁이는 만남이고 싶습니다

자욱이 피어오르는 당신

그대가 마음에 찾아온 날은
리듬처럼 땅을 밟고 걸어갑니다

함께 갈 내일의 불씨를 던져주세요
당신에게 점화되고 싶습니다

온몸에 가슴앓이를 붓고 간 사람

불현듯, 잠자리에 얼굴이 찾아와
밤의 길이를 늘여놓고 사라집니다

긴 불면의 밤을 지새우며
새벽 맑은 이슬에 젖어

그대 앞에 수줍은 꽃이고 싶습니다

그대 떠난 뒤,

바람은 꽃이 외로울 때 얼굴을 내민다

환한 언어를 나누어주는
나지막한 꽃의 고요가 일렁인다

너도 속을 벗겨보면
나처럼 애잔한 그리움이 있구나

내게서 떨어져 나간 그대는 아득한데

떠난 이유가 문득, 꽃잎에 앉아있을 것 같아
이토록 꽃의 시간을 들여다본다

나무에도 꽃 지는 이별이 있듯이
이별의 아픔도 꽃처럼 곱게 떨어뜨릴 수 있을까

앉았다 떠나는 분홍 공기처럼
그대 떠난 뒤, 꽃이 모두 그대 같아

눈물이 되기 전에 바람의 테두리를 치고
가슴에 꽃의 향기를 담는다

내 마음을 아는 화심
포옹하고 싶은 너를 젖은 눈으로 오린다

삽의 얼굴

지난 기억이 담벽에 있다
주인 잃은 가슴 저림이 벽에 기대어있다

아버지는 늘 삽의 얼굴을
자신과 마주 보이게 세워놓으셨다

머리를 맴돌고 있는 지난 시간들
자꾸 눈이 증인처럼 서 있는 벽으로 간다

토지의 소리들이 나부끼는 곳에서

이제 녹슨 삽은
움직이던 동사에서 고독한 정물이 되었다

연연한 그리움이 삽과 마주친다

한 장의 흑백사진처럼
삽의 얼굴이 아버지 환영으로 바뀌고
몸의 틈마다 따뜻한 소름이 휘감는다

오늘도,
아버지 시간이 있던 고적한 정물을 돌아보고
밤의 창을 닫는다

녹슨 호미

봄을 깨우는 햇살이
동면하던 호미를 일으킨다

파릇한 바람이 초록을 번식시키며
땅의 빈칸을 채우고 있다

검게 탄 손등으로 흙을 뒤척이며
자식들이 행여 가뭄이 들까
텃밭에 늘 마음을 두시던 모정

바람에 파꽃이 일렁일 때
밭에서 눈을 감고 있으면
내게로 밀려오는 그리움

호미에 묻은 빛과 어둠에는
어머니의 생이 녹슬어있다

흙에 묻힌 안부

봄 속에서 날아온 나비 한 마리
어머니의 환생이다

따뜻한 입구

풀숲에 기대어 울고 있습니다
귀가 시리도록 울음을 태우고 있습니다

저편 울음 속에서
내 안에 머물던 모성이 교차합니다

호흡을 뒤척이며 잠들던 내게

가만히 등을 내어주시던 온도는
세상에서 하나밖에 없는 기억입니다

달빛에 흐르는 구름처럼
홀연히 떠난 작별이 안타깝습니다

엄마의 체취가 은은히 살아나는 밤

등에 닿았던 가슴에는
그리움이 흠뻑 고입니다

엄마는 나의 따뜻한 입구입니다

다정한 기별이 오듯

혜풍 불어 좋은 날
결빙은 균열되고 온화한 공기가 쌓인다

냉기를 쥐고 흔드는 부드러운 바람의 행렬

춘삼월 실핏줄이 도는지
봄의 화살촉 끝에서 투명한 겨울피가 흐른다

봄의 꼭짓점을 향해 움트는 저 어린 연두의 생기들

다정한 기별이 오듯
지평선을 춘풍이 물고 달려와,

미혹의 따뜻한 온도를
겨우내 소외된 타인들과 함께한다

어린 봄이 빈터에 적연히 오면

흙의 자세로 꽃과 마주 앉아
같은 그늘이고 싶다

무심한 생의 속도에 봄이 분다

섬에 두고 온 낱말

수평선은 외로운 직선
하루를 두고 떠난다

바다 깊이 뿌리내린 섬으로
파도를 열고 뱃머리가 달린다

공허한 설렘이 해안에 도착했다

해수의 숨이 출렁이는 곳
섬의 둘레가 너무 좋아 마음이 수면에 떠 있다

과거에서 달려온 동심에
잡초를 뽑고 해초를 심는다

이런 날은 시계도 명랑하게 돌고 있다

다 읽지 못한 따개비와
모래성의 문을 열어두고 돌아서는 길

거친 물살이 뱃길을 막는다

갈매기 떼 울음은 배 뒷머리를 쫓아오는데
힘겹게 다가오는 어린 갈매기 하나

막내딸 같아 마음이 바다에 가라앉는다

섬에 두고 온 낱말
비린내 묻은 이별을 마지막 파도에 묻는다

저, 빈 허공에 음악을 그린다

거침없이 번지는 수림이
손을 뻗으며 허공을 채워나간다

공중과 가까이 지낸다는 것은
푸른 생의 기운이 저곳에 있기 때문이다

바람이 공중을 밟고 오는 곳에서

계절이 여름과 가을을 바꾸어놓을 때까지
허공은 숲의 기척을 바라만 보고 있다

눈 밑에서 붉게 피었던 홍엽이
찰나를 안고 흩어진다

아름다운 날이 사라지고
내 앞에 절기가 시간에 부서지고 있다

단풍 소리가 지워진 상실의 순간
마주친 공중은 허전하다

명랑한 휘파람으로
저, 빈 허공에 음악을 그린다

한 폭의 시선

입추에서 날아온 전언이
바람의 결을 읽으며 순한 들국에 앉는다

더운 공기, 찬 공기
바람은 계절을 여는 열쇠

서늘한 공기가 가을 입구를 연다

창밖의 뒤척임은
유리창에 다색 무늬로 와닿고

새 계절이 야외를 물들이면
한 폭의 시선에 마음이 흔들린다

마른 잎을 선율로 바꾸는 바람

가을이여 멀리 가지 말아요
그리운 날엔, 갈피에 끼워둔 시간을 만질 거예요

나무에 머물던 빛은
고엽을 안고 흩어지고

사색의 몰락을 밟으며
그늘 없는 나무 아래를 쓸쓸히 걷는다

차가운 속도

차가운 속도가 곁에 와있다

공중을 채우던 붉은 풍경도
시선에 머물다 사라지고

비워야 하는 계절에
잎잎들이 바람에 흩어진다

냉기 앞에서 잎을 다 쏟아내고
알몸으로 서 있는 나무의 동면

지표에 그림자를 회수하는 해가
능선을 넘어간다

가까이 와버린 쓸쓸한 서정

돌아갈 수 없는 계절 끝에서
저온을 안고 신풍이 분다

차가운 속도는 어떻게 측정할까

빙점의 계단에서
수은주가 하나씩 내려간다

지우지 못한 울림

지워진 태양의 자리에
연풍의 결을 타고 약속의 눈이 내린다

내 앞에 없는 이름이
흐린 하늘에 물감처럼 번진다

첫눈이 내리면 만나자고 했던 사람

그 추억은 아직 유효할까
눈 내리는 무음이 그날처럼 쌓인다

가슴에 남겨진 발자국 따라
그대 방향으로 그리움 끌고 가는 밤

하얀 길에서 지우지 못한 설렘에 가고 싶어

처음 닿았던 끌림으로
오지 않는 사람을 기다린다

나무의 시계

숲을 열고 나온 나무

선명한 무늬로
커피숍 조명 아래 있다

생의 여정을 보듯 톱날에 잘린 살갗의 무늬

겉을 벗겨보면
아직 눈물이 남아있을까

초록의 탑이 멈추어버린 나무의 시계
아픔의 면적이 넓다

물을 부어도 푸르게 일어서지 못하고

숲으로 달려가고 싶었을 너는
길게 외로웠을 것이다

탁자와 나의 간격은 가까워지고
스며든다, 너에게

내 마음과 같아서 물끄러미 바라보다가

손바닥 온도로 교감하며
너의 거처에서 아픔을 어루만진다

차라리 세밀하게 보지 않았다면
이야기를 모으는 하나의 탁자였을 텐데

너는 끝나지 않은 물음표
과거에서 먼, 흙이 부른다

그대, 파릇하게 생각난다

바람 속에서
화초 하나를 사 왔다

따뜻한 색채를 건네며
향기의 혼잣말이 가까이 닿는다

순한 응시를 만들어주는 환한 언어

기쁨이 사는 화심 곁에서
나를 건드린 감성이 촉촉이 피어난다

꽃의 온도를 한 바퀴 돌아온 웃음의 윤곽

날아들지 않은 나비를 기다리듯
그리움의 방향에서 오지 않는 기별

창 너머, 그대가 파릇하게 생각난다

그대에게 푹 빠져

석양빛을 쌓고 있는 저녁
문득 뭉클 피어오르는 그대가 그립다

멈춰 세울 수 없는 기분이
온몸에 오렌지빛을 바르고
그대를 만나러 간다

그대에게로 가는 속도가
바람에 꽃대가 흔들리듯 몸이 흔들리며
그대를 만나러 간다

꽃으로 피고 싶은 날

뛰는 호흡을 지그시 눌러도
자꾸만 들뜨는 가슴을 들고
그대를 만나러 간다

터질 듯 차오르는 울창한 설렘

그대에게 푹 빠져
달콤한 사랑을 만나러 간다

은하에 계신 이름

계단을 모으자

나를 천상과 연결하기 위해
봄이면 층계 한 단 한 단씩 모종을 하자

닿지 못하는 천국을 오르기 위해
먼 곳이 내게 올 때까지 촉촉이 물을 주자

거친 숨으로, 어둠에 헤적이는 별빛을 향해
뚜벅뚜벅 올라가 천문을 두드리자

미지의 세상을 향해
내비게이션도 없는 허공의 길을 무수히 가자

수직 암벽을 타고 오르는 산양처럼

어머니가 좋아하시던 나팔꽃을
층계에 심어 천계를 오르자

별의 이름은 몰라도 눈 맞춰 읽던 저 먼 곁으로
은하에 계신 이름을 간절히 부르자

천사의 날개가 나부끼는 밤
성하가 명도를 밝히면 더욱 그리워지는 얼굴

희미한 초승달 빛이
어둠에 있던 어머니 턱선을 그린다

오늘 밤도 창문 가득 어머니 환영이 들이친다

2부

말의 씨앗 하나가
가슴으로 건너와
때 이른 들국화를 피운다

봄날 꽃구경 가네

눈부신 봄날
할머니 여럿이 꽃구경 가네

입술에 빨간 루주 덧바르고
관광버스에서 꽃처럼 내리시네

우르르 눈으로 벚꽃길 갔다 와서

나무 그늘에 앉아 분분히 날리는 꽃잎을 보며
꽃 피듯 웃는 할머니들

세월 벗어놓고 찰랑이는 시간

연분홍 꽃 피던 그 시절이 그리워
수줍은 꽃잎 살짝 잡아당겨 보네

눈물 나게 가슴 시리도록 환한
벚꽃 십 리 길이네

꽃불

사월 속으로 솔솔바람이 일더니
나무들이며 풀들이며 불씨가 피어나네

순식간에 불이 번지고
막지 못하는 이내 심장만 뛰네

저리도 불일 듯 피어나는 봄날에

가슴까지 화르륵 불 질러놓고 가는
저 봄을 어쩌나

사방이 온통 꽃불이네

계절이 체크인한다

묘목이 해빙의 땅으로 실려 간다

흙에 제 숨결을 문지르고 싶었을까
트럭 방향으로 푸른 미래가 울창하다

모종나무뿌리는 땅으로 들어가기 전
햇살 목욕을 하면서 까만 말을 모은다

화풍을 타고 새 계절이 체크인한다

지구의 빈칸을 메우는 어린나무
묘목 속에는 나이테의 시간이 켜켜이 들어있다

파릇한 영혼을 언제 내밀까 두근거리던 가지에
빛고리에서 초록을 꺼내 푸르게 진화하는 모종나무

고요를 깨는 소리를 들으며
잔뿌리가 낯선 영토를 꼭 움켜잡는다

호흡을 뱉으며
가지의 표정을 갈아 끼우는 잎잎들

나무야, 쓸쓸한 저편에
미친 듯 그늘을 만들어라

너는, 꽃의 보석

바람의 틈에서
녹슨 후각을 향긋하게 하는 꽃

지친 영혼을 지그시 눌러주는 향기의 보석을
누가 만들었을까

네 앞에 서 있는 발목을 모두 잡는구나

갓 펼쳐진 꽃봉오리에서
둥글게 빗물이 흐른다

빗줄기에도 지워지지 않는 향취의 밀도

한 호흡으로 보름치를 들이키며
수신된 네 매혹을 후각으로 읽는다

꽃잎 쪽으로 시간을 옮기면
환하게 불을 켜고 있는 너의 웃음

아픈 가지 끝에서 정이 자라
마음 찔릴까 두렵다

장미의 향내를 잘 익힌 저 태양에
두 손을 모은다

너는, 꽃의 보석

누가 이곳에 파도를 방목했나

내 안으로 바다의 정령이 들어오는 날

주술을 걸어, 자전거 페달을 밟고
저편의 그리움을 찾아 수평선 너머로 달린다

누가 이곳에 파도를 방목했나

바다는 길 잃은 파도가 모여있는 곳
나도 길을 잃고 이렇게 네 곁에 있다

세상의 그림자를 지우며
어제의 통로로 저녁해가 넘어간다

물과 바람의 시간 속에
끝없이 밀려와서 흐느끼는 저 푸른 테두리여

기쁜 일이면 내게 달려오고
슬픈 일이면 갯바위에 부서져라

찾을 수 없는 시간

배를 타고 풍경을 찍다가

손가락 사이로 놓쳐버린 스마트폰을
바다에 빠뜨렸다

허공에 길을 내던 공중파

찾을 수 없는 시간은
두꺼운 수압이 되었다

손에서 떠나간 폰 속에
어른거리는 문자들과 수많은 사진들

한 사람의 기밀을
낯선 해수가 보관하고 있다

신안 앞바다에서 발굴된, 오래된 시간처럼
진실한 별이 바다에 정박하는 날

어둠의 깊이에서 뒤척이다가
미래에게 발견되겠지

사색의 언어가 촉촉하다

거리에 비가 내린다
가을 위로 비가 쏟아진다

바람의 목마름에
대답할 것이 많아 흐림에서 왔다

무수한 빗줄기가 논현동을 적시면
사색의 언어가 촉촉하다

저편에 비 맞은 신호등은 흐릿하고
저녁 불빛은 수평의 빗물을 물들인다

젖은 발자국을 찍으며
약속의 방향으로 걸어가는 타인의 어깨 위로

숨을 놓아버리는 잎잎들이
하나둘 흩어지고

또 하나의 계절이 부서져 내린다

은빛을 긋는 빗줄기가
어둠에 뚫어놓은 구멍들 속으로

논현동의 늦가을이 소멸한다

도토리묵

냉동실에서 동면하던 가을로 묵을 쑨다

천천히 젓다 보면
주걱 지나간 자리에
세상에서 단 하나뿐인 문양이 생긴다

부글거리며 익는 소리에서
기다림으로 탄생된 한 편의 갈색 서사

공기에 서리던 김이 흩어지고
뜨거운 무늬가 수평의 고요로 돌아온다

다른 방식으로 온 저녁에
누군가가 내게 건넨 마음처럼
가을 별빛이 보내온 선물

상수리나무에 있던 야생의 알들이
가을을 채우지 못한 몸 안에서 굴러다닌다

빙점의 페이지

겨울 여신, 스카디가 북극의 냉기를 보낸다

타인처럼 스치는 매서운 바람
겨울 말이 입에서 나오는 순간 공중에서 얼어붙는다

빙점의 페이지를 한 장씩 넘길 때마다

예리한 아이스바일에
빙벽의 얼음조각이 깨지며 아픔이 되듯

부드럽게 흐르던 가슴에
얼어붙은 상처 하나, 수빙 조각처럼 깨져 울고 있다

언 강에 갇힌 빈 배처럼 마음을 얼려놓고 간 사람

동면하던 상처가
그대의 따뜻한 생각에 닿으면 매운바람 접고

떠나간 온도가 다시 돌아와
당신 물결로 찰랑일 수 있을까

또 얼어붙고 있다, 깊은 겨울이

잃어버린 짝 하나

버스 정류장
의자에 두고 온 장갑 하나

아이의 손을 놓친 엄마의 마음처럼
내 손가락을 두고 어디를 떠돌고 있을까

방향이 사라진 곳에는 찬바람만이 스치운다

다른 시간 속에 있을 또 하나의 짝
장갑은 떠도는 풍경이 되었다

남아있는 장갑에 손을 넣고 있으면
어디선가 달려올 것만 같은 분실된 온기

손에 있던 마지막 표정이
끝내 돌아오지 못하고 그렇게 떠났다

아직 흐릿하게 남아있을 온기를
가슴에 넣고 생각하는 밤

어둠 속에서 짝없는 외로움을
구름 속 달빛만이 알고 있겠지

소리는 귀와 동거한다

희미하게 열리는 새벽이 귀를 연다

햇살 머금은 바람이
저편에서 갓 잉태한 소리를 밀고 올 때마다

어머니로부터 물려받은 귀에 부딪친다

바람이 습작한 도시의 소음이
하루 종일 귀에 고여 웅웅거리고

나를 놓지 않는 말들이 따라온다

귀에 내려앉은 다정한 그대 음성과
타인의 대화 기록들이 귓속에 있다

눈 감으며 달의 뒷면으로 가는 밤

귀와 동거한 하루분의 소리들이
잠의 베개에서 오래도록 흐른다

거울 속 여자가 깨졌다

얼굴이 궁금할 때면
거울이 핸드백을 열고 나온다

여자보다 구석구석 더 잘 아는 손거울
빛의 속도로 얼굴 표정을 받아 적는다

여자는 거울 속 모습을 출력하다가
마스카라의 자국을 읽는다

그 흔적을 닦다가
찰나의 순간, 면경을 떨어뜨렸다

거울 속 여자가 깨졌다
미처 얼굴이 빠져나올 틈도 없이

알림, 폐업합니다

'끝까지 버티지 못하고 폐업합니다'

망원역 4번 출구 앞 점포에 붙어있는
알림 문구가 찬바람을 맞고 있다

희망을 내려놓은 삶의 바닥에
바닥까지 친 바닥에는

우편물과 누렇게 얼룩진 고지서와 전단지들이
어지러이 뒤섞여 주인을 기다리고 있다

버티지 못한 공간이 휑하다

발걸음이 뚝 끊어진 가게 입구에
시멘트 깨진 틈으로 바닥을 차고 올라온 풀잎 하나

지나가는 마음이 죄송했다

속도가 덜컥거린다

바퀴는 도로의 속도를 휘감고
초등학교 방향으로 진입한다

'어린이 보호구역 ㉚'
여기서부터 속도를 줄이시오

급속한 감속 운행을 하며
선명히 들어오는 표지판 안으로 나를 끌어들인다

저무는 해 그림자 쓸쓸히 기울고

생의 뒤안길을 돌아보니
속도를 놓아버린 시간들이 안쓰럽다

어둑해지는 저녁, 깨달음이 마음에 머무는 순간

공기를 가르며 달려가는 속도의 폭력 앞에
내 반성이 덜컥거린다

등의 기억들

1
요람처럼 잠들던 곳
등의 흐릿한 기억이 심장 앞쪽에서 뛰어요

어릴 적 무게를 등에 업었던 모성

어머니 등에 닿았던 어린 가슴에는
이제, 자식들을 담았어요

2
영원히 멈추지 않는 달콤한 자전거
그 뒤에 타고 싶어요

등에 따뜻한 볕을 모아

가슴이 입력한 해의 온도를
내 가슴과 닿은 그대 등에 드릴게요

3
하늘이 파란 문을 열듯이

세상에 하나밖에 없는
처녀 가슴의 문을 열어드릴게요

당신 등에 깊숙이 닿고 싶어요
젖 망울에는 격렬한 설렘이 뒤척여요

하얀 이별

슬픔은 때때로 느닷없이 온다

짙은 구름이 드리워진 하늘을 읽으며
너무 늦게 그에게 간다

오는 발소리를 기다리며

이별을 두고 길게 외로웠을 그에게
마지막 인사를 국화가 대신한다

그가 쏟아놓고 간 그리움일까
까만 어둠 속에서 서러운 비가 내린다

울음이 모여들고
여자의 둘레를 눈물이 덮고 있다

이별 쪽에서 번개가 친다

예고 없이 훌쩍 떠난 이별이
가슴 아프다

상실

밤이 내리고 깊은 잠 속으로 떨어집니다

울창한 숲을 지나 검은 초원을 달리다 보면
끝나는 듯 다시 시작되는 길

가슴에 별처럼 박혀있는 그리움에 닿고 싶어
은하가 펼쳐진 아득한 길을 서성입니다

설마와 혹시라는 그 사이에서
살며시 꿈을 들추고 뒤척임 속으로 파고드는 어머니
따스한 숨결이 가만히 덮입니다

벅찬 전율도 잠시, 세찬 너울이 출렁이며
어렵게 맞춘 퍼즐 조각들이 블랙홀로 빨려듭니다

'어머니 제 목소리 들리나요'

찰나 첫새벽이 지구를 터치하자
마지막 목소리만 빠져나와 깨어난 순간
꿈속에서 한 여인을 쏟았습니다

흥건한 미몽, 하늘 끝에서 흘린 눈물이
비가 되어 내립니다

숲에서 온 마른 실핏줄

하늘밖에 모르던 꽃잎이 무언으로 있다

다른 계절에서 온 낯선 꽃이
햇살에 다이어트를 했는지 바싹 말라있다

서걱서걱하던 꽃의 갈증이
찻잔 속에서 마른 갈피를 열고 되살아난다

터질 것 같은 꽃망울
3분의 고요에서 낯익은 표정이 태어난다

내 기분 앞에서 부풀어 오르는 동그란 탄성

숲에서 온 마른 실핏줄이
찻잔에 풀어놓은 꽃의 분홍 쉼표를 읽는다

뜨거운 물은
꽃잎과 갈증 사이의 메신저

내 안에서 한 장의 들판이 일렁인다

그대의 우산이 되어

태양이 가려진 자리에
한바탕 비가 쏟아진다

지상과 허공이 출렁이고
순식간에 젖어 드는 거리

전속력으로 퍼붓는 빗줄기가
두 사람을 우산 속으로 밀어 넣는다

순간, 후려치는 바람의 저항에
휘청이며 기우는 우산

빗물이 된 어깨를 그대의 우산이 되어
감싸 안고 걸어가는 다정으로

떼구르르르 구르는 빗방울이 촉촉하다

친절한 향기

시원한 공기를 잃어버린 여름

땀의 길을 막을 수 있는 바람의 이불을 찾다가
물건이 없어 다음에 오겠다고 했다

엘리베이터로 가던 중
직원이 폰으로 통화를 하면서 달려왔다

본사에 전화를 해보니
찾던 물건 하나가 있다고 한다

시원한 마음이 곁으로 왔다
잠시 몸의 세포가 일렁인다

점원의 환한 언어를
한동안 귀밑에 남겨두고 싶어

안내 데스크로 가서
친절사원으로 내 마음을 등록했다

다른 시간 속으로 들어가
열심히 일하는 모습을 보니

저런 가슴과 포옹하고 싶다

친절한 말의 씨앗 하나가
향기의 이유를 만들고

가슴으로 건너와
때 이른 들국화를 피운다

꽃을 든 남자

내 앞을 가볍게 걸어가는
도시의 남자

한 손에 한 아름의 꽃을
흔들고 가네

눈길을 끄는 시선이 부끄러운 듯
두 볼에 발그스레한 홍조가 물들어있네

꽃다발을 품에 안고 수줍게 웃고 있을 여자

온통 나를 사로잡는 꽃들을
괜스레 부러운 발이 따라가는데

지는 석양빛에
장미꽃 다발이 더 붉어지네

그림에서 뛰쳐나온 노을

색색의 물감이 농담으로 섞여
벽에 걸려있다

석양이 낮게 드리워진 바다가
눈의 공간에서 일렁이고

거친 물살을 앞세우고 금방이라도 덮칠 듯
출렁이는 파도가 나를 빨아들인다

그 빛에 홀려 경이로운 시간

그림을 만지면 마음까지 다 젖을 것 같아
작품을 뒤로하고 갤러리 출구를 빠져나왔다

택시를 잡아타려는데

그림에서 뛰쳐나온 노을이
차창으로 번져 벌겋게 흘러내리고 있다

일기에 그려진 얼굴

멈춰진 갈피에서
미세한 떨림이 옵니다

일기장에 그려진 얼굴
누가, 별이 있는 하늘에 옮겨놓았습니까

이런 날엔 많이 울고 싶습니다

낳아준 것도 모자라
손주들을 키워주신 모정의 무게

무심히 채우는 가을 단추에서
옷을 여며주시던 손길이 느껴집니다

가슴에 인화지를 가득 담고
지난 추억을 재현하렵니다

차오르는 눈물 위에
마지막 인사를 올린 하얀 국화

혹시라도, 어머니 음성을 들을 수 있게
그리움 높이로 나를 번쩍 올려주세요

별이 뜨는 밤이면 두 귀를 열어두고

가보지 못한 깊은 하늘로
흐르고 싶습니다

3부

바람의 목마름에
대답할 것이 많아 흐림에서 왔다

풍경이 깨졌다

갈증이 새벽 입술을 부릅니다

정수기에서 컵의 빈 공간으로 떨어지는 물소리
화초들도 귀를 엽니다

입술이 닿으려는 순간, 컵이 바닥에서 깨졌습니다

투명이 깨진 유리잔 조각 사이에서
수직으로 튀어 오르는 물방울의 혼魂들

제 얼굴을 잃어버리고
낮은 높이에서 떨어진 질량이 뒤척입니다

내 눈물인 듯 고인 바닥에
새벽 고요에서 깨어난 거실도 놀란듯합니다

투명한 풍경을 깨트린 아침입니다

환하게 울부짖네

책갈피 속에서 발등으로
툭 떨어진 사진 한 장

그 표정을 손에 쥐고 들여다보니

복사꽃 풍경에서 뛰쳐나갈 듯
웃고 있는 여자

순간이 자막처럼 흐르고
먼 추억이 피어나 온통 연분홍이네

세월이 미운 날

가슴 뛰던 그날같이 닫힌 추억이 열리고
과거의 궤적이 다시 피워지면 얼마나 좋을까

공허한 표정을 바꾸기 위해

만발한 도화에서 천 개의 웃음을 꺼내
내 어두운 그늘을 쏟아버리니

온몸이 환하게 울부짖네

수양벚나무 한 그루

금방이라도 창 안으로
와르르 쏟아질 듯한 나무와 마주 보고 있다

가지들이 땅 아래로 늘어질수록
설레는 시선이 나무에게로 자꾸 간다

떨림이 가득한 시간

봄 창가로 느닷없이 몰려드는 먹구름을 보며
벚나무를 좀 더 가까이 끌어당긴다

소란한 공중으로 비바람에 흩날리는 꽃잎들

익숙해지고 길들여진 저편으로
비 지나간 자리에 꽃이 거의 떨어졌다

붉어진 창으로 사라지는 존재의 꽃들

그렇게 봄날은 가고 있다
유리창 안의 마음도 지고 있다

바다의 퍼즐

흘러간 감정을 수평선에 올려놓는다

푸른 파도와
이별을 만들고 떠나던 연락선, 그리고

아기고래를 색연필로 그렸던 어린 시절에
내게로 와서 설렘이 되었던 바다의 퍼즐

검푸른 물결 위에는 별빛이 울창하다

수평선에 누가 있어 저토록 밤을 긋고 떨어지나
해진 바다 위에 별똥이 내려앉는다

어둠의 끝을 잡고 반짝이는 물의 조각들

은하의 밤이 지워지고
새벽이 닿은 순간

생과 사의 경계에서
인간이 쳐놓은 그물에 고래 한 마리 죽어있다

지구의 해변이 술렁인다
바다의 조각 하나가 지워졌다

다시 맞춰질 수 없는 퍼즐

고래 새끼들의 울음이
지워진 어미의 퍼즐 조각을 채운다

폴리스라인을 친다

속보가 올라오고
기상캐스터 음성에서 태풍이 불어온다

거친 바다를 가르며
밤의 어둠 속에서 일제히 철썩인다

세상을 빠뜨릴 듯 포효하는 바다

폭풍우를 뚫고 달려오는 파도에
폴리스라인을 친다

몰아치던 성난 과거는 어디로 갔을까

얼마 후 완강한 파도는 수평이 되고
순한 해풍이 불어온다

문득, 청옥빛 바다를 둘둘 말아와
베란다에 발처럼 친다

마음이 흐린 날
창가에서 바다를 보며 푸른 생기로 바꾼다

배경이 된 달빛이 얼굴에 명도를 보탠다

보랏빛 진실

해의 발걸음이 포도 그늘에 멈춘 시각
수직의 빗줄기가 둥근 선을 타고 떨어진다

불쑥 나타난 소낙비에
수많은 보랏빛 퍼즐이 우산도 없이 젖고 있다

더욱 선명해지는 포도의 진실

빈 허공을 밀고 뻗어간 넝쿨에서
익어가는 순서대로 숨 트는 소리가 들린다

퍼즐의 정맥이 퍼진다

알알이 번지는 색의 발현에서
이파리마다 들썩이는 포도송이의 기적이 익어간다

포도의 시간에 어둠이 내리면
보라 송이마다 달빛이 맺히는 진경

출하를 기다리는 시간과 공간에서
가지에서 잘려나간 탯줄의 흔적이 애처롭다

삶의 회오리에 청포도 같은 추억은 떨어지고
내 마음도 저렇다

귀한 계절의 해체

발등에 덮여있던 햇살이
추풍에 식어가는 절기

내 이름 한 번 더, 불러주지 않고
홀연히 가을을 떠난 사람

그대 가고 없을 때

나무는 그늘이 없어질 때까지
으슬으슬 떨었지요

소절 위에 늦가을이 내려앉으면
당신 없는 쓸쓸함이 더하네요

귀한 가을을 다 읽지 못했는데
초겨울 피가 도는지 쌀쌀하네요

추절과 함께 가을을 떠난 사람
머물던 전부가 이토록 떠나야 했나요

차라리 저무는 밤에 어둠으로 가려주세요

떠난 빈자리에 차가운 시간이 들어서면
내 온도로 녹여드릴게요

바람의 길에서

붉은 잠자리 하나
구름 밑에 물가를 선회하네

바람을 읽고 풀잎을 읽고
내려앉아 수초에 입술을 찍고 있네

수변의 풍경에 제 전율을 문지르고 싶었을까

위아래로 몸서리치는 꽁지의 떨림이
가을을 건드리네

눈망울에 잡힌 두 날개를 따라가면
끊어진 안부에 도착할까

설렘을 놓쳐버린 바람의 길에서
닿을 수 없는 곳으로 떠나간 사람처럼

풀잎 끝에서 무심하게 날아가네

지우지 못한 이별을 휘감고
훨훨 가네

혀의 돌출

바람 불어 추운 날
뜨끈한 국물 생각에
친구와 칼국숫집으로 들어갔네
그릇에 바지락이 반을 차지하고 있네
먼저 툭 터진 조개의 살점을 골라 먹는데
입을 꾹 다문 조개 몇 개
끝내 내 손에서 열렸네
삶의 비정 앞에서, 비밀을 숨긴 혀의 돌출
술술 불어 풀어지네
내게 강 같은 평화는 깨지고
뒤늦은 후회네

곁에 두고 싶은 맛

친구와 식당에 갔는데

입맛이 없어 먹지 못하고
남은 밥을 비닐봉지에 담아왔다

구수한 밥이 되고 싶어 프라이팬에 누룽지를 만든다

흰밥이 그릇을 움켜쥐고
격렬하게 변신하여 바삭하다

밥에서 노릇하게 구워진 따뜻한 낱말이 거실에 번진다

눈 내리는 밤
순백의 눈송이와 밥에서 출력된 누룽지를
냄비에 넣고 끓인다

구수하게, 또는 격렬하게
오늘의 주어는 엄마의 누룽지밥
거실에 번져있는 구수한 후각이 아이들을 불러들인다

혀와 누룽지의 온도가 만나는 맛

입맛을 부르는 이 짧은 끌림은
곁에 두고 싶은 맛이다

벽과 시계

채송화는 눈 밑에서 피는데
시간은 눈높이 위에서 핀다

며칠 전부터
우울하게 돌아가던 시곗바늘이
표정을 접고 멈춰있다

빛과 어둠이 앉았던 친숙한 시간을
무명의 바람이 데리고 갔다

하루에도 몇 번씩
눈을 마주치며 싱싱했던 만남

초침 소리를 삼킨
침묵의 벽시계는 정물이 되었고
시계가 걸려있던 벽은 배경이 되었다

사각의 방을 적시던 초침 소리가
환청으로 귓속에 모여온다

알 수 없는 곳으로 떠나간 시간
자꾸 눈이 벽으로 간다

일제히 일렁인다

산책길에서

돌멩이 하나가 발에 치여
앞으로 툭 굴러간다

굴러가다 소리가 태어난 곳에
풀들이 일제히 일렁인다

바람이 불 때마다

햇살이 가득 묻어있던 돌을
슬쩍슬쩍 건드린다

나는 어디에 우울을 얹을까

덩달아 끼어들고 싶은 마음이
해의 빛을 묻히고

풀숲으로 걸어 들어간다

페르소나

다시 부활한
미켈란젤로의 손으로 만들었어요

나의 페르소나
우리는 하나인데 너는 닫혀있고 나는 열려있어요

물음표를 던져도 대답이 없어
깊은 속을 바라만 보고 있어요

아바타처럼 동격이 되기 위해 주술을 외울게
천계를 향해 함께 두 손을 모아요

닫힌 입을 열어 숨소리를 불어넣을게요
심장을 들려줘요

온몸을 터치해 감정을 적셔줄게
긴 침묵을 깨고 작은 기척이라도 줘요

이제야 몸의 피가 도는지 온화해요

고독을 포근히 안아줄 테니 조금씩 내게로 와요
같이 울어줄 눈물이 내 안에 있어요

봄이면 함께 초록이 되고 가을이면 추풍이 되어
같이 흐르고 싶어요

몸을 두드려 설렘을 줄게요
페르소나가 빨간 풍선을 불어요

차라리, 우리 모두 페르소나가 되어요

뒤척이던 낱말 하나

텃밭이 시야에 들어오면
되살아나는 기억이 내 안을 깨운다

먼 그리움 쪽으로 마음을 파종한 날

가슴에서 뒤척이던 낱말 하나가 넝쿨을 뻗어
어머니 텃밭을 덮는다
남모르게 가슴에 심었던 곳에서
잎잎에 현을 켜는 바람
그 들바람이 열어준 밭이랑 따라 어린 나비가 다가와
호박꽃 곁으로 가자고 날개를 팔랑인다

영혼에 핀 순한 호박꽃
눈에 담을 수 있어 좋은 순간이다

가슴 벅찼던 꽃잎이 마지막 어머니 얼굴처럼
노란 표정을 지우고 꽃의 문을 닫는다

봄과 여름의 시간을 담은 호박의 침묵

유품 같은, 그 깊이에서
마음에 맴돌던 어머니 표정을 꺼낸다

살가운 손

어느 하루를 잃어버리고

힘겹게 누워있는 내게
살가운 손이 가만히 다가와 곁을 지키고 있다

뒤척임을 여며주며
죽을 떠서 마른 입으로 한 입 떠 넣어준다

어스름한 저녁, 후들거리며 일어나
입술 오물거리는 나를 보듬고 눈물 훔치시던 어머니

어둠을 타고
창으로 싸락눈이 훌훌 날린다

몸살기에 이마를 짚어줄 손이 없는 허허로운 밤

꺼끌꺼끌한 입안에
흘러내릴 듯 건네주던 흰죽이

오늘따라 눈물 나도록 간절하다

미몽

연당을 버리고

투박한 돌그릇 속에 뿌리내린 담수초
제 둘레만큼 창공을 담고 있네

누가 저 꽃의 문을 열고 있나

누르면 주르르 쏟아질 것 같은
친숙한 물의 감정이 꽃망울을 터뜨렸나

기척이 묘연한 풍경의 탄생이네

바람이 꽃대를 흔들면 나의 타인 흰나비와
순아한 꽃그늘도 흔들리네

눈에 담을 수 있어 좋은 날
오늘의 쉼표는 수련이네

네가 그리운 날엔 돌그릇에 비로 내려와
꽃망울을 부풀게 하고 싶네

내가 비구름이 된 사이

나비는 팔랑, 꽃 마음 훔쳐 날아가네
발자국 하나 없이 꿈속에서 멀리 달아나네

너와의 짜릿한 밀애는
헛된 꿈이었네

불면을 건너야 합니다

풍경에 어둠이 번지고
오늘 밤 희망은 다정한 수면입니다

베갯속으로 잠을 넣어도
돋아나지 않는 숙면의 새순들

밤의 기로에서 눈을 감고
고향을 한 바퀴 돌아와도 불면이 지워지지 않습니다

내일을 위해 축시를 넘지 말아야 합니다

촛불은 바람이 불면 꺼지는데
내 불면은 바람에 부딪쳐도 꺼지지 않습니다

어디론가 숨어버린 잠
조금씩 내게로 오세요, 그리고 나를 휘감아주세요

가까운 불면과 먼 숙면 사이에서

어느새 여명의 알람이 켜지고
새벽 소리들이 나부낍니다

간절한 이 소망
잠이여 고개를 돌리지 말아요

슬픔의 면적은 크지만

수직의 모습은 어디 가고

생의 길을 잃고
눈앞에 수평으로 누워있느냐

애타게 신을 부르는 기도에도
눈빛이 의식을 잃었구나

되돌릴 수 없는 아픔이 모두의 가슴에 번지고

너를 아끼던 사람들이 다녀간 곳에는
눈시울이 붉게 운다

몸속에 나쁜 뿌리가 자라도
의식을 세우고 세상에 지지 마라

수백 개의 네 안타까움을
우리들이 대신 갖고 싶구나

슬픔의 면적은 크지만

빙하의 깊은 크레바스에 빠진 너를
인양해 줄게

이름값을 한다

봄나물을 저녁밥상에 올렸다

공손히 한 손에 상추를 떠받들고는
달래 민들레 씀바귀 곰취 명이나물 삼나물을
소복이 싸서 입에 넣었다

입안에서 뛰어노는 향에 입속이 놀랬는지
절로 숨넘어가는 소리를 낸다

'워메, 알싸한 것'

비로소 이름값을 톡톡히 한다

누구나 봄에는
입맛 살아나는 이 맛에,
쓴맛 한번 볼 일이다

입맛 당기는 소리

햇살 좋은 날

텃밭에서 불쑥불쑥 올라온 아욱을 솎아와
물에 찰랑찰랑 씻어 치댔다

손안에 초록물이 가득하다

냄비에 맑은 쌀뜨물을 붓고 된장을 풀어
팔팔 끓는 리듬 속에 숨죽인 아욱을 넣었다

은근하게 진한 국물이 우러나
감칠맛이 더하다

간소한 저녁

구수한 냄새가 집 안으로 풀어지고
가족들이 모여든다

순간의 느낌표 앞에서 입맛 당기는 소리

후루룩, 잃었던 감각이 살아나
입안으로 산뜻하게 넘어간다

속을 열어보면

늦은 밤 책을 보는데

전등 빛의 농도가 옅어지더니
이내 불이 꺼졌다

빛으로 날아오르지 못한 활자들이
와르르 쏟아지고

뚜렷했던 것들이 순식간에 어둠에 갇히고 만다

스위치를 다시 올려도
더 이상 빛이 나오지 않는다

겉보기엔 멀쩡해 보였던 등이
속을 열어보니 검은 무늬로 있다

켜켜이 쌓인 고요 안에
번져있는 멍을 어루만진다

겉은 태연한 척
차갑게 퍼져있는 멍들

내 가슴도 저렇다

번쩍 순간을 긋고

물이 닿는 순간
눈이 동그랗게 커졌다

어디에서 베었을까

예민한 살도 깜빡 지나칠 뻔한 상처를
다시 들여다본다

번쩍 찰나를 긋고 지나갔을 한순간의 번득임

그 붉은 자리에 몰입되니
아픔이 부화된다

떨쳐낼 수 없는 자국을 애써 삼키며
따가운 자국을 불어주던 입김이 아쉽다

2019년산, 무창포 바람

누구의 바다인가

석양을 아청빛으로 물들이고
건반 없는 파도가 바위를 두드린다

나의 4월과 너의 7월, 무창포에서 만나자

서로 묶이고 순식간에 해체되는 물의 고리들이
해안 가득 무념으로 철썩인다

하늘 끝 바다 끝에서
눈동자에 하루치의 해가 침몰하면

오늘의 허기에 해풍을 가득 채우고
바다의 비망록에
2019년산, 무창포 바람이라고 쓴다

몸의 기억이 지워지고 싶을 때
썰물 앞에 선다

모세의 비포장 길이 열리면

나의 타인, 무창포로 가는 배의 물길을
다 잃어버린다

물속, 잠긴 그리움

안개의 면적을 강바람이 걷어가면
나룻배는 친숙한 물 위를 건너갑니다

저편으로 가는 동안 수몰된 마을을 생각합니다

객지로 떠난 바람의 빈 공간에는 물이 찰랑이고
동네를 덮던 산 그림자는
더 이상 땅으로 내려가지 못하고 물 위에 복사됩니다

대답 없던 수심에서
물 밖으로 들려오는 목소리들

마을의 눈을 감긴 야생의 물살 속에는
산새 대신 물고기가 날고 토지는 수중에 물이 되어
밭과 숲은 이제 갈증을 느끼지 않아도 됩니다

물의 밑바닥에는 고향을 떠난 사람들의
긴 그리움이 있습니다

수몰 전 부락이 상상 속으로 걸어오고

마을의 과거가 물의 천정이 되어
뱃머리에 자꾸 부딪칩니다

숲을 열고 나온 나무

파고드는 정 하나가
깊숙이 뿌리를 내리고 있다

분수의 속도

물빛을 가르며

공기의 갈증에 일제히 수직으로 솟았다가
하늘의 무게로 떨어지는 물의 파편들

동심의 기억을 적시며 산산조각 나는 소멸은
어떤 사람에게는 눈물의 줄기다

분수가 뿜어내는 속도로 울분이 솟구치면
허공을 적시는 물줄기처럼 모여 울자

화해할 수 없는
생의 아픔도 높이 솟구치다가

바닥으로 산산이 부서지자

환한 동행

의자가 버려져 있다

제힘으로 움직이지 못하고
나지막이 쉼표로 있던 정물이
주인을 잃어버리고 오늘도 혼자 저물어야 한다

한 사람의 휴식과 함께했던 의자에 이별이 왔다

늙은 나무에도 젊은 꽃을 피우듯이
초라한 의자에도
벚나무가 쏟아낸 분홍 꽃잎이 앉아있다

바람이 그린 수채화

비를 삼킨 의자의 뿌리에서 올라온 꽃잎처럼
외롭던 풍경에 착지한 환한 동행이다

한때, 한 시절이네

바람이 입술을 갖다 대던 날
흙 언덕 위로 모란이 피기 시작했네

환하게 꽃봉오리를 열어젖히고
색에 집중한 꽃은 더 붉어졌네

생을 곱게 세운 꽃의 향기

붉은빛으로 번지는 숨결 위로
달빛이 흩어지고 부슬부슬 비가 내리네

내가 눈 감은 사이

빗소리 지나간 자리에
붉은 심장을 힘없이 놓아버렸네

색을 버린 바닥에 찍힌 꽃잎 자국들
아, 너무도 짧은 이별이네

한때 눈부신 한 시절이었네

기억의 문을 닫고

온화한 바람이
새로운 계절을 끌고 오는 곳에서

기억을 천천히 열면
지난 일들이 하나의 시간에 모이고

도화지에 그렸던 동심이
추억으로 승화되어 마음의 빈 곳을 채운다

아침 창가에는 빛의 행렬이 지나가고
계절이 재편되고 있다

앞뜰의 정물마다
태양이 뿌린 햇살이 가득 묻어있어
흐린 날에는 해 대신 돌담 모서리를 밝힌다

과속이 멈춘 가든에서는
친숙했던 먼 목소리들이 환생되고

과거에서 바람을 타고 온 태양의 새가
잊었던 날개를 꺼내
날개 없는 마당 대신 해를 향해 날아오른다

문득, 내 삶도
어린 마음으로 되돌아가기 위해

전설의 날개가 다가와 기억의 문을 닫고
깊은 하늘로 훨훨 날아간다

풍경을 끌어당기네

적막한 고립 속에 바람이 부서지네

거친 풍랑에 법당 처마 끝 풍경이
단청을 밀고 솟구치네

중심점에 고독하게 매달려
자랑거리며 구름 위로 퍼득이네

은연히 번지는 소리,
나의 외로움이 가만히 풍경을 끌어당기네

갈등

초록 내음이 가득한 숲길을 걷네

빛과 수풀이 공존하는 곳에
등나무 위로 칡넝쿨이 올라타 있네

미묘한 느낌이네

바람은 서로의 몸을 밀어내 보지만
출구를 찾지 못한 두 나무는 갈등이 깊네

풀지 못한 번민 속에
덥석, 칡 줄기를 잡고 등꽃이 꽃을 피웠네

햇살 받은 연한 자줏빛 꽃들이
우르르 쏟아지고 있네

비문증

이별이 공중으로 날아간 뒤
파꽃이 봄바람에 몰려다니고

바라보는 공간에
날개도 없는 점들의 행렬

눈가로만 나는 습성이
꼭 그만큼의 거리에서

눈길 한번 주지 않아도 가볍게 따라온다

하루만 살 것같이 붙어있더니
내가 막연해지는 동안

검은 어둠을 깨고
작은 빛으로 벌레인 척 몇 개가 부화했다

어느새 몰입되는 저 온순함
펄럭이는 바람에도 훨훨 따라붙는다

사모가 따로 없다

덤

해를 피해 내려온 나물들

시장도 아닌 지하도 계단 한쪽에 들판을 펼쳐놓고
작은 바구니들이 나란히 놓여있다

가장자리가 말려간 잎들이
오르내리는 발에 치일까 옴쭐옴쭐 거린다

그 옆에 민들레처럼 앉아있는 토종 할머니

층계에 오르던 나도 풀풀 나는 향에 엉거주춤하고
나물들의 한가락 타령을 듣고 있는데

갑자기 분주해진 할머니의 손에서
덤 덤으로 얹어지는 나물들

집으로 걸어가는 내내

검은 봉지 속 풀들이 덤에서 풀려나올 듯
들뜬 봄바람에 달싹달싹거린다

5초의 향기

몸이 참 따뜻해요

잠깐 포옹했을 뿐인데
언제나 부는 바람 속의 라벤더처럼 향기로워요

슬픔이 가라앉고
외롭던 눈동자도 다정해져요

5초의 향기

한 번 더 닿고 싶어요, 뭉클한 포옹
다시 부를 때까지 문을 열어놨어요
놀라운 순간을 주세요

머뭇거리다, 인생의 빛나는 것이 사라진 후
아쉬운 날이 많아졌어요

꼬리가 긴 별똥별이 땅과 뜨겁게 허그 하지만
나무는 나무를 포옹할 수 없어요
보이지 않는 땅속의 뿌리는 혹시 모르지요

몸의 괄호를 열어젖히고 허그 해주세요
무뚝뚝한 나무가 되고 싶지 않아요

기별 없이 찾아온 아픔

얼룩진 곳을 따뜻한 허그의 힘으로
온화하게 보상받고 싶어요

백자의 눈물을 치우며

손에서 벗어난 화병이
바닥으로 떨어져 깨졌다

황급히 몇 동강이 난 순간을 잇대어보지만
하나의 원형이 될 수 없다

조각조각 숨어있는
백자의 눈물을 치우는 동안
비명으로 터진 울음이 환청으로 들려왔다

달의 시간을 지우고 가는 새벽

마음도 투명하게 서려
산산이 부서진다

빈 깡통이 적막하다

파도 소리가 멈춰있는 통조림 캔

뚜껑을 열어보니
바다의 낱말이 웅크리고 있다

불현듯, 다른 시간 속에서 비명이 된
삶 하나를 사유한다

바닷속 풍경을 만들다가
그물에 걸려 퍼덕이던 안타까운 생애가
마침표를 찍었다

심해를 분주하게 유영하다가
삭제된 바다의 슬픈 단어

늦저녁, 주방에는 흐느낌 같은 영혼이 떠돌고

바다 풍경이 들어있던
빈 깡통이 적막하다

우울은 출출하고

출출한 여름밤
냉장고를 뒤져보니 소시지가 눈에 들어왔다

날짜를 보니 유통기한이 한참을 지났다
멀쩡해 보이는 겉이 신기하기까지 하다

천연식품같이 순한 표정으로 다가오는 사람
오늘따라 그 속이 궁금해진다

유효기간이 찍혀있지 않은 속마음

깊이를 알 수 없는 크레바스처럼
이 순간 그 사람 안에 내가 얼마나 있는지 알고 싶다

무수한 생각을 끼워 넣고 싶은 밤

우울은 출출하고 그대 가슴을 닦아
아득한 속을 열어보고 싶다

고독한 거처

손수레에 차곡차곡 쌓인 빈 박스

거리의 비애를 밟으며
고된 하루를 수거합니다

천 개의 바람은 지표에만 불고
층계에는 공허함만 오르내립니다

창밖에 빛을 주문해도
다 배달되지 않는 반지하 방에서

고독과 고독 사이에 내려앉은 긴 외로움

할머니 동그라미 속에
아직도 살고 있을 영화 같은 시간들

할머니는 어떤 봄이 피었다 졌을까

나에게 마음 하나 더 있다면
잃어버린 미소를 함께 나누고 싶습니다

할머니의 고독이 내 것처럼
오늘도 가슴에 잠깐 머물다 갔습니다

아픈 서사

울창한 나무에
팔월 울림이 허공을 적신다

서로가 서로를 기대듯
나무에 가슴을 기댄 곤충

울어도 눈물이 되지 않는 외침이
제소리를 껍질에 단단히 심는다

같은 마음의 매미를 보며
얼핏 먼 시간 하나가 급히 지나간다

따뜻한 숨소리만
가슴에 심어놓고 떠나간 사람

생의 거리에서 외줄의 슬픈 단어가 걸어오고

내 몸 어딘가를 누르면
주르륵 흐를 것 같은, 그 무엇을
나무의 나이테처럼 깊숙이 새긴다

무심히 흐르던 속도에 다 비우지 못한 시간들은
차디찬 바닥에 떨어진 아픈 서사

수척해진 계절 끝에서
나를 에워싸던 나무의 외로움을 지우고
이대로 길을 떠난다

여름 이별을 돌아보지 말자

내복

한겨울 바람이 매섭다

내복 입고 나가라는 잔소리에
옷맵시가 나지 않아 귀만 남겨두고 거리로 나와
달달거리고 다니던 그때 그 시절이 아련하다

어느덧 나이가 들어보니 추위에 약한 몸이
착 몸에 안겨 붙는 부드러운 감촉을 좋아한다

오늘은 시간에 허둥대다
내복 입는 것을 잊고 나왔다

온종일 부는 바람에
자꾸만 움츠러드는 몸이 헛헛하고
추운 기운이 뼈마디까지 파고든다

저 멀리, 발 시린 새가 하늘을 날아가고 있다
어머님의 옳으신 말씀 절로 생각난다

불씨

인사동 뒷골목 돌아 접힌 길에서
다방 간판이 보인다

약속을 기다리듯
오래전 두근거림을 놓친 가슴 안에 불씨 하나
바람 한 줄기에 닿아 살아난다

'소절이 머물고 있는 찻집에서
성냥갑 안의 불씨를 꺼내 탑을 쌓는다
타인의 발소리에 불안한 시간은 흔들리고
성냥개비탑이 중심을 잃고 무너져내렸다
생각이 많은 날, 밤은 오는데 너는 오지 않았다'

이제 먼 추억이 되어
다시 불꽃을 피울 수 없는 사람

심장 끝에서 피어오른 불씨가
짧은 호흡처럼 꺼진다

물속에 터를 잡은 나무

흙으로 돌아가지 못하고
강 속에 터를 잡고 있는 나무가 있네

나무속으로 물 들어오는 소리를 들으며
하늘을 향해 뻗어가던 가지는
계절이 건너가는 동안 뼈대만 드러냈네

가벼운 몸을 물빛으로 감고
선 채로 물속에 잠겨있네

움직이는 시간 속에 움직임도 없이
강을 받쳐 들고 있네

존재를 잃어버린 나뭇가지에
가득한 새의 발자국만 적막을 깨우네

강 사이로 지나가는 눅눅한 저녁

무상무념으로 서 있는 나무 곁으로
갈증을 느낀 초승달이 불쑥 얼굴을 내미네

시린 달빛에 애잔한 나무

검게 출렁이는 어둠 끝에서
죽어서도 물에 잠겨 죽지 못한 나무에게서
지극한 영생을 보네

불쑥, 강물에 화를 빠뜨리고

가슴속에서 뛰쳐나오는 화를 안고
한없이 걷다가 강을 만났네

강둑길 걷는 내내
날뛰는 심장은 더 붉어졌네

괜한 발에 걸린 돌을 집어 강을 향해 힘껏 던졌네

울퉁불퉁한 돌이
덤버덩 소리를 내며 강 입속으로 들어갔네

파장으로 범람하는 생각들

강은 돌을 삼키고도
타고난 흐름을 멈추지 않네

불쑥, 강물에 화를 빠뜨리고 물속을 들여다보니
나를 빤히 쳐다보고 있네

마음을 풀고 강둑길 걸어 집으로 돌아가는데

바람맞은 강의 선들이 못다 한 말을 풀어놓는지
유독 파랗게 반짝거리네

피부의 언어 타투

무심코 길을 걷다가
유리창으로 들어간 시선

새로 태어난 피부의 무늬가 유리에 맺혀있다

점점이 살빛에 타투가 새겨질 때마다
나비가 피워 올리는 곡선처럼
저 여인에게 타투가 몸에 내려앉으면
지워졌던 가슴에 연심이 다시 살아날까

불빛이 꺼지면 타투도 꺼지는 피부의 언어

서로 속을 열어보지 못한 연인이
사랑이 꺼지지 않게 감성이 뛰는 피부에

침묵의 증표를 그리고 있다

빛과 팔레놉시스의 스텝이여

희미하게 열리는 새벽

접힌 눈썹을 열어주는 나비 떼의 무희
꽃대에 날개가 우우 날아앉는다

팔레놉시스, 아름다운 서정이다

햇살이 피어난 곳에서
나비 떼와 빗살이 거실에 환한 화음을 만든다

눈부신 이 아침

베란다에서 화음의 뿌리가
안쪽으로 걸어와 퍼즐을 맞추는 실내의 정원

거실의 깊이에 어제 스며든 그늘을 지운다

빛과 팔레놉시스의 스텝이여

어두운 내 영혼의 우울에도
엔도르핀으로 와다오

따뜻한 기적

사이렌을 울려대며
내 앞을 요란하게 지나간다

'아버지 위급상황에
심장을 동동거리던 그날이 불안으로 조여와
소리 가는 방향으로 휘청인다'

불빛이 넘치는 금요일 저녁

꽉 막힌 도로에 구급차가
차들 사이를 파고들다 더 나가지 못하고
빙빙 도는 소리만 날카롭게 울려댄다

그때 내 눈을 의심하듯
차들의 바퀴가 재빠르게 하나둘 움직이더니
마치 모세의 기적처럼 길이 급하게 열렸다

촌각을 다투는 앰뷸런스는
울음을 매달고 쏜살같이 빠져나가고

도로는 아무 일 없었다는 듯 차선을 찾아
답답한 흐름으로 진행하고 있다

꽃의 눈길

천변 가는 길

시절 모르고 피어있는 꽃이
발걸음을 멈추게 하네

꽃의 눈길이 하도 붉어 한동안 바라만 봤네

시리게 피어난 꽃이
햇살에 붉디붉네

좋은 날들을 지나
쓸쓸한 계절이 다가오는데

잊은 기억을 찾듯
간절함으로 봉우리를 들고 피어났네

망설이다가 터져버린 영산홍

어쩌다 마주친 꽃에
눈시울이 붉게 접히네

어머니가 차오른다

사월을 걷습니다

마음이 깊어지고
기억의 진원지에서 어머니가 차오릅니다

어머니 몸져누우신 날
답답한 마음에 들길을 걷다가
무더기로 파릇하게 올라온 쑥을 뜯어서
된장을 풀어 쑥국을 끓였습니다
국에 밥을 돌돌 말아 드시며
낮은 소리로 '맛나다' 하십니다

그날 이후, 어머니는 보이질 않고
초록 들판에 거침없이
쑥쑥 자라난 쑥이 지천입니다

봄의 서식지에서 채집한 쑥의 향기
이젠 건넬 수가 없습니다

■□ 해설

자연이 우리에게 보내는 기호들

마경덕(시인)

 생태학적으로 자연과 관계를 형성하는 인간은 '자연의 구성원'이다. 그러나 물질적 진보와 과학의 눈부신 발전으로 자연을 차지한 '인간의 비중이 커지고' 자연은 인간의 절대적인 영향을 받는다. 과정을 생략하고 결과만을 중시하는 인간중심주의가 횡행하고 자연의 손실로 인한 재난을 피할 수 없게 되었다. 자연과 인간의 상생할 수 있도록 훼손된 자연 질서를 복구하는 일은 인류에게 주어진 다급한 과제이다. 21세기의 생태적 사고는 자연 회귀 같은 단순한 발상을 넘어 우리의 인식을 바꾸는 진보적 사고가 우선일 것이다.

이현경 시인은 자연에서 살아가는 방법을 체득한다. 자연은 숨을 고르는 시인의 내적 영역이며 실생활을 보여주는 외적 영역과도 이어진다. 시인은 자연의 이면을 조명하고 껍질뿐인 기표들 안에서도 독자와 '공유할 수 있는 믿음'을 찾아낸다. 시인은 단순히 자연을 인지하는 것으로 그치지 않고, 자연의 모습을 독자에게 중계하고 설득을 이끌어낸다. 현 세계에서 다른 세계로 나아가는 시인의 노력은 본질을 찾아가는 '동기부여의 역할'을 이루어낸다.

　사회생태론자인 미국의 사상가 머레이 북친(Murray Bookchin)은 생태위기 극복의 마지막 희망은 생태적 이성을 지닌 사람일 수밖에 없다고 하였다. 맺은 사람이 풀어야 한다는 결자해지(結者解之)라는 말이 생각난다. 생명체들과 '유기적 관계'를 맺는 자연은 질서 속에서 존재한다. 자연의 협력 없이 인간의 힘만으로 이루어지지는 않는다.

　　외진, 자연을 걷는다

　　걸음을 멈추게 만든 순한 기적
　　땅의 빈틈에서 새로 태어난 수직이 솟는다

밤이면 이슬을 모아

푸른 숨소리를 피워올렸을 것이다

뿌리를 내리지 못한 바람의 시샘이

얼마나 흔들고 갔을까

꽃이 피는 순간

비로소 풀이라는 이름에서 벗어난다

그림자도 만들고 나비의 발톱이 날아든다

감성이 너에게 기울어

또 하나의 시간이 잠시 방향을 잃어도

숲을 두드린 손을 후회하지 않는다

너의 느낌에서 갓 피어난 꽃웃음을 꺼내

우울한 영혼의 빈터에 심는다

-「수직이 솟는다」 전문

사람의 발길이 잘 닿지 않는 '외진 곳', 시인이 주체로 내세우는 자연은 시인의 시선 안에서 포착되고 발휘된다. 방황이나 갈등, 쓸쓸함을 안고 도착한 곳은 숲이다. 우울한 영혼의 빈터에 갓 피어난 꽃의 웃음을 심고 숲의 호흡을 느끼며 위로를 받는다.

시집 곳곳에 포진해 있는 '흙'은 생명의 원천이다. 우리는 '흙'을 얼마나 알고 있을까. 용암으로부터 흙이 만들어지는 과정에서 흙은 수많은 변화를 거친다. 인간의 미래는 모두 흙 속에 있다고 한다. 흙 속에 살고 있는 수많은 미생물은 낙엽을 먹고 분해한다. 낙엽이 썩지 않으면 어떻게 될까. 자신이 떨어뜨린 낙엽에 파묻혀 매장될 나무를 살리는 것은 흙 속의 보이지 않는 '미생물'이다. 동식물의 사체는 거름이 되고 그 '유기물'을 먹고 식물이 자란다.

사람들은 나무를 베어내고 언덕을 깎아 평탄지(平坦地)를 만들고 수직으로 빌딩을 올린다. 도시는 대부분 '수직의 방향'으로 번성한다. 하지만 숲이 만든 수직은 인간을 살리는 아름다운 수직이다. 자연의 능력은 놀랍다. 구릉이나 평탄한 곳이나 흙은 알맞게 모양을 만들지 않는가.

'땅의 기척'에 걸음을 멈추고 들여다보니 빈틈에서 수직이 솟고 있다. 아직 꽃이 피지 않았으므로 그저 풀이지만 꽃을 피우면 이름이 생길 것이다. 이현경 시인은 시간이 잠시 방향을 잃어도 '숲'을 두드린 손을 후회하지 않는다. 매 순간 삶을 지배하는 감정은 이곳에 오면 가지런해진다. 위안이 되려고 '숲'은 거기 있었다.

    새 계절의 입구에서
    날짜를 한 장씩 넘길 때마다

    바람은 저 혼자서도
    입춘의 밑그림을 만든다

    겨울에 저항하는 봄의 미래가 속삭인다

    생초록 같은 설렘을 만나듯
    순하게 돋아나는 미완의 단어

    어딘가에 닿기 위해
    문을 두드려 차갑던 호흡을 기대면

    외진 곳도 따뜻하게 지직거리고

봄의 말들이 뿌리에 고인다

새벽이 돋아나는 들에서 봄의 수식어를 접었더니

나비가 제 그림자를 내 공간에 던지고
노랗게 날아오른다

겨우내 뇌에서 동면하던 상상이
가슴에서 일렁인다

-「상상이 일렁인다」 전문

 의식 속에 간직한 '이전의 인상이나 경험'을 생각해 내는 것이 '기억'이다. 반면 '상상'은 외부 자극에 의하지 않고 기억된 생각이나 '새로운 심상'을 떠올리는 일이어서 저 너머에 있는 것들을 이편으로 옮기는 것이거나 아직 오지 않은 것들을 마중 나가는 일이다. 미리 달려가 보는 것, 가서 만져보고 감각하는 것, 경험의 크기만큼 상상은 구체적으로 확장된다. 상상력이 시에 미치는 영향은 지대하다.

 시인은 어디까지 상상의 날개를 달고 날아갔을까. 새 계절의 길목에서 날짜를 한 장씩 넘길 때마다 바람은 저 혼자서도 입춘의 '밑그림'을 만든다. 자연은 협력자다. 게으름을 피우거나 한눈팔지 않는 정직한 계절은 늘 같은 봄을 데리고 온다. 봄의 기척에 겨우내 억센 바람의 뼈도 말랑해졌을 것이다.

봄은 앞으로 '진행될 미래'이기에 '과거는 미래'를 이길 수가 없다. 물오른 봄은 싱싱한 뼈를 가졌으므로 날로 수척해지는 겨울에게 저항한다. 시간의 흐름을 따라 시시각각 변하는 자연의 모습에서 삶을 대하는 인간의 자세도 달라진다. 무언가 알 수 없는 힘에 끌려 소극적인 자세는 적극적으로 변하고 있다. 그저 바라만 보던 자리에서 봄이 우리에게 다가오듯이 한 발 한 발 옮겨가는 모습이 보인다. 파릇하게 돋아나는 미완의 단어에 '외진 곳'도 따뜻하게 지직거리고 신호를 보내고 있다. 정지된 것들의 심장이 가동하기 시작한다. 봄의 말들이 뿌리에 고이면 무릎을 펴고 파랗게 일어설 봄이 길목에서 대기 중이다. 닫힌 창문이 열리고 먼지를 털어낸 가구들이 햇살에 반짝거릴 것이다.

다만 무언가 다가온다는 기척만으로 시인은 즐거운 예감에 동참한다. 겨우내 머릿속에서 동면하던 상상이 가슴으로 옮겨지고 다가올 징후들로 시인은 봄빛에 노랗게 물들고 있다. 해마다 반복되어 새로울 것이 없는 자연의 미세한 변화에도 시인은 상상을 동원해 봄을 향해 '주파수'를 맞추고 있다. 시인은 자연을 통해 꿈틀거리는 '생명의 맥박 소리'를 들려준다.

    지구 외진 곳에서
    애벌레 한 마리 제 몸에 날개를 그리고 있다

    무음을 물고
    나비를 향한 꿈 하나가 탯줄을 끊는다

    짧고 강렬한 순간
    몸에는 피가 도는지 날개돋이를 한다

    꽃잎을 끌어안고
    활짝 펼쳐진 긴 기다림의 날개

    사월의 설렘을 이고
    허공에 푸르른 선 하나 그으며 날아오른다

    행선지가 궁금한 나비의 여향餘香을 생각하며

저 눈부신 빛살을 타고

나도 뜻밖의 모련을 찾아, 풍덩 빠지고 싶다

- 「애틋함을 전하는 너처럼」 전문

지구 외진 곳에서 애벌레 한 마리가 '우화'를 하고 있다. 땅을 기어다니는 벌레가 하늘을 얻기 위해 안간힘이다. 이 얼마나 놀라운 변화인가. 저 징그러운 벌레의 몸속에 그토록 아름다운 날개가 숨어 있었다니. 탈바꿈은 천지가 개벽하는 것만큼 놀랍고 신기한 일이다. 나비는 혼자의 힘으로 벌레에 갇힌 '시간의 탯줄'을 끊고 있다. 제 허물에서 온전히 빠져나오지 못하면 앞으로 벌어질 미래는 없다. 짧고 강렬한 순간이 지나면 그는 '나비'라는 근사한 이름을 얻을 수 있을 것이다. 이파리 뒤에 숨어 풋내나는 이파리를 갉아먹던 애벌레는 이제 달콤하고 향긋한 꿀을 삼킬 수 있다. 신분이 달라지니 노는 곳도 다르다. 느리게 기던 속도는 너울너울 허공을 건너뛸 수 있다. 누가 가르쳐 주지 않아도 허공을 헤엄치며 꽃의 냄새를 맡고 달려갈 것이다. 이 모두가 신이 정한 약속이다.

하지만 환경과 기후의 변화로 벌 나비가 해마다 줄어들고 있다. 비행 속도는 느리고 날개는 커서 눈에 띄기 쉽고, 가벼운 몸 때문에 반격 수단도 빈약한 최약체 곤충 중 하나로, 먹이사슬의 아래 쪽에 위치한 동물이라고 한다. 사마귀나 새, 개구리 등 천적은 사방에 있다. 먹이사슬에서 최약체인 나비는 반격할 가시도 뿔도 없다. 환경보전의 문제는 인류의 생존과 직결된다. 벌 나비는 환경지표인 것이다. 아름다운 날개를 탐내는 표본 수집가들은 나비를 잡아 가슴에 표본침을 꽂고 표본상자에 넣어 소장한다. 생각하면 한없이 애틋해진다.

숲을 열고 나온 나무

선명한 무늬로
커피숍 조명 아래 있다

생의 여정을 보듯 톱날에 잘린 살갗의 무늬

겉을 벗겨보면
아직 눈물이 남아있을까

초록의 탑이 멈추어버린 나무의 시계

아픔의 면적이 넓다

물을 부어도 푸르게 일어서지 못하고

숲으로 달려가고 싶었을 너는
길게 외로웠을 것이다

탁자와 나의 간격은 가까워지고
스며든다, 너에게

내 마음과 같아서 물끄러미 바라보다가

손바닥 온도로 교감하며
너의 거처에서 아픔을 어루만진다

차라리 세밀하게 보지 않았다면
이야기를 모으는 하나의 탁자였을 텐데

너는 끝나지 않은 물음표
과거에서 먼, 흙이 부른다

- 「나무의 시계」 전문

 시인은 '죽은 나무가 보내는 기호들'을 읽는다. 나이테를 드러낸 나무는 커피숍 탁자가 되어 살아온 이전의 시간을 보여준다. 한 번도 살아서 만나지 못한 나무의 모습과 숲에서 도시로 이동해 온 이 순서들의 상응을 우리는 알고 있다. 현재와 과거라는 두 가지 개별적인 유사성은 이전과 이후의 본질이 같다는 것, 하지만 초록의 탑을 세우던 자연은 다른 순서들에 의해 제거되거나 바뀌기도 한다는 것이다. 물을 부어도 푸르게 일어서지 못하는 나무는 얼마나 숲으로 달려가고 싶었을까. 시인은 나무의 외로움을 껴안고 손바닥으로 어루만지며 온도로 교감한다.

 한때 중국 모택동 정부는 들판 참새가 벼를 쪼아 먹어 쌀을 축내는 것을 보고 참새를 해로운 동물이라 칭하고 농촌 생산력 증진을 위해 박멸운동에 들어갔다. 1958년 한 해 동안 참새 2억 1,000만 마리가 학살당해 거의 멸종위기에 이르렀다. 이로 인해 참새의 먹이였던 애벌레와 메뚜기 등 곤충이 폭발적으로 급증하는 등 여러 가지 악재가 겹쳐 대흉년이 발생했다. 그해 2,000명 이상의 아사자가 발생했다고 한다. 자연의 질서에 인간이 개입하니 예상치도 못한, 아니 필연적인 결말이 기다리고 있었다.

　이처럼 거처가 바뀐 곳, 이후의 생은 물음표로 남는다. 돌아보니 과거에서 먼, 흙이 부르고 있다. 사계절 푸르게 돌아가던 '나무의 시계'는 이제 작동되지 않는다. 시인은 달라져버린 현상의 개별적인 부분을 통해 하나의 숲을 끌어오고 소멸해버린 나무의 존재를 상기시킨다. 이 시집의 표제작인 「나무의 시계」는 나무 한 그루가 갖는 의미를 통해 자연의 질서와 공생의 소중함을 증명하고 있다.

　　묘목이 해빙의 땅으로 실려 간다

　　흙에 제 숨결을 문지르고 싶었을까
　　트럭 방향으로 푸른 미래가 울창하다

　　모종나무뿌리는 땅으로 들어가기 전
　　햇살 목욕을 하면서 까만 말을 모은다

　　화풍을 타고 새 계절이 체크인한다

　　지구의 빈칸을 메우는 어린나무

묘목 속에는 나이테의 시간이 켜켜이 들어있다

파릇한 영혼을 언제 내밀까 두근거리던 가지에
빛고리에서 초록을 꺼내 푸르게 진화하는 모종나무

고요를 깨는 소리를 들으며
잔뿌리가 낯선 영토를 꼭 움켜잡는다

호흡을 뱉으며
가지의 표정을 갈아 끼우는 잎잎들

나무야, 쓸쓸한 저편에
미친 듯 그늘을 만들어라

―「계절이 체크인한다」 전문

  묘목은 말 그대로 어린나무이다. 나무에게 필요한 건 뿌리를 활착할 '흙'이고 생육을 담당할 '땅'이다. 해빙이 되었다고 '봄이 체크인'하고 나무들은 그들의 영토(領土)를 향해 트럭에 실려 가는 중이다. 잔뿌리가 낯선 영토를 꼭 움켜잡고 지구의 빈칸을 빽빽하게 채울 것이다. 어디로 가는 것일까, 흔들리며 가는 나무들은 불안과 초조함을 누르고 미지의 꿈에 부풀고 있다.

  나무를 심는 행위는 빈자리의 '쓸쓸함을 메우는' 일이다. 병든 지구에게 한 알의 약을 처방하는 셈이다. 무엇보다 우리의 미래를 심는 일이다. 이현경 시인은 쓸쓸한 저편에 미친 듯이 그늘을 지으라고 당부한다. 이보다 더 '간곡한 기도'가 있을까. 짙푸른 녹음이 되기까지 얼마나 긴 시간이 필요할 것인가. 바람과 폭풍과 가뭄과 홍수도 모두 이겨내야만 한그루 당당한 나무가 될 것이다. 하지만 염려만 하고 누군가 시작하지 않으면 아무 일도 일어나지 않는다.

  "평화는 전쟁이 없는 상태가 아니라 강인한 성격에서 비롯된 미덕이다."라는 바뤼흐 스피노자의 명언이 있다. 나무 한 그루를 심는 일은 쉬운 것 같아도 그렇지 않다. 나무는 심는 것으로 끝나지 않는다. 물을 주고 거름을 주며 병들지 않도록 돌봐야 한다. 나무를 키우는 일은 아이를 키우는 것처럼 '강인한 성격에서 비롯된 미덕'과 같다.

  어디론가 실려 가는 묘목을 보며 시인이 느끼는 감정은 아이를 떠나보내는 어미의 심정이다. 이현경 시인의 시편들은 자연이라는 '개별적인 명제들'이 인간과 연관되어 있다는 것이다. 자연이 보내는 다양한 기호를 증명하기 위해 시인은

'사람의 숨결이 묻은 땅'을 불러낸다.

봄을 깨우는 햇살이

동면하던 호미를 일으킨다

파릇한 바람이 초록을 번식시키며

땅의 빈칸을 채우고 있다

검게 탄 손등으로 흙을 뒤척이며

자식들이 행여 가뭄이 들까

텃밭에 늘 마음을 두시던 모정

바람에 파꽃이 일렁일 때

밭에서 눈을 감으면 내게로 밀려오는 그리움

호미에 묻은 빛과 어둠에는

어머니의 생이 녹슬어있다

흙에 묻힌 안부

봄 속에서 날아온 나비 한 마리

어머니의 환생이다

-「녹슨 호미」 전문

지난 기억이 담벽에 있다

주인 잃은 가슴 저림이 벽에 기대어있다

아버지는 늘 삽의 얼굴을

자신과 마주 보이게 세워놓으셨다

머리를 맴돌고 있는 지난 시간들

자꾸 눈이 증인처럼 서 있는 벽으로 간다

토지의 소리들이 나부끼는 곳에서

이제 녹슨 삽은

움직이던 동사에서 고독한 정물이 되었다

연연한 그리움이 삽과 마주친다

한 장의 흑백사진처럼

삽의 얼굴이 아버지 환영으로 바뀌고

몸의 틈마다 따뜻한 소름이 휘감는다

오늘도,

아버지 시간이 있던 고적한 정물을 돌아보고

밤의 창을 닫는다

- 「삽의 얼굴」 전문

 녹슨 '호미와 삽'은 한때 어머니의 몸이었고 아버지의 일생이었다. 무언가를 파헤치고 다독거리고 퍼내고 옮겨 담은 농기구들은 농부의 손과 발이었다. 논과 밭에서 하루를 보낼 때는 삽자루와 호미는 얼마나 반질거렸을까. 쉴 틈이 없는 '삽과 호미'는 바구니 가득 감자를 캐 담거나 한 아름 저무는 해를 안고 돌아오다가 개울을 만나 숨을 고르며 하루의 고단함을 씻어냈을 것이다. 흙이 묻은 채로 살아가던 이 평화로운 풍경 속에는 시인의 유년이 있고 파처럼 푸른 시절과 '삽과 호미 날'에 찍힌 아픔의 시간도 있다.

 쇠붙이는 방치하면 벌겋게 녹이 슨다. 주인의 손을 놓친 '호미'가 저 혼자 늙어 가고 있다. 파밭에 쪼그려 앉은 무릎

만큼 닳아버린 녹슨 '호미'는 주인의 이름마저 흐릿하다. 담벼락에 기대어선 삽자루는 한때 산으로 밭으로 움직이던 동사였다. 집안을 일구던 흙의 지문이 묻어 있는 것들은 이젠 기척도 없는 '정물'이 되었다. 흙에서 피고 지는 것 역시 자연의 법칙이다. 시인의 눈은 지난 시간을 알고 있는 증인처럼 벽에 서 있는 '삽'을 향하고 '흙냄새'와 마주치는 순간 그리움이 피어오른다. 녹슨 '삽'은 늙은 아버지의 얼굴을 하고 서 있다.

하늘밖에 모르던 꽃잎이 무언으로 있다

다른 계절에서 온 낯선 꽃이
햇살에서 다이어트를 했는지 바싹 말라있다

서걱서걱하던 꽃의 갈증이
찻잔 속에서 마른 갈피를 열고 되살아난다

터질 것 같은 꽃망울
3분의 고요에서 낯익은 표정이 태어난다

내 기분 앞에서 부풀어 오르는 동그란 탄성

숲에서 온 마른 실핏줄이
찻잔에 풀어놓은 꽃의 분홍 쉼표를 읽는다

뜨거운 물은
꽃잎과 갈증 사이의 메신저

내 안에서 한 장의 들판이 일렁인다
-「숲에서 온 마른 실핏줄」 전문

누가 꽃을 따서 피를 말렸을까. 숲에서 온 꽃의 실핏줄이 파리하다. 오직 하늘만 바라보고 살던 꽃은 말라붙은 제 향기를 찻잔 속 뜨거운 물에 다 우려내야 한다. 뜨거운 찻물은 꽃잎과 갈증 사이의 메신저가 되어 숲의 냄새가 은은히 퍼지고 시인의 가슴에는 한 장의 들판이 일렁인다. 달아오른 솥에 덖여 상처를 낸 꽃잎들, 그 상처에서 우러나오는 분홍빛이 인간의 탁한 피를 헹군다. 한 잔의 찻잔에 사계절의 비와 바람 햇살까지 담겨있다.

이현경 시인의 시그니처는 '흙'이다. 사각의 프레임으로 정

형화된 도시는 온통 시멘트로 포장되고 '흙'을 딛고 살던 그 때가 그리운 시대, 도시화 된 우리는 수많은 선택 앞에서 답지 안에 답을 적고 그 선택을 원치 않는 타인과 갈등하며 살아간다.

 이현경 시인의 흙담처럼 자연 친화적인 시들은 현대인의 메마른 감성을 자극한다. 무엇보다 관찰자적인 시선이 자연을 톺아보고 서사를 재현하며 위로를 주고받는다. 이현경 시인은 구체적이고 섬세한 언어로 자연을 구성하는 요소들이 무엇인가를 깨닫게 한다. '나무의 시계'는 곧 우리 '모두의 시계'인 것이다.